Geltungsgebiet des Strafgesetzes.

Von

Geheimen Justizrat **Dr. L. v. Bar,**
ord. Professor an der Universität Göttingen.

Sonderabdruck aus Reform des Strafgesetzbuchs.

Berlin 1910.
J. Guttentag, Verlagsbuchhandlung,
G. m. b. H.

Gesetzesrecht. Analoge Anwendung des Strafgesetzes[1]).

§ 2 des *DVE.* enthält zunächst in Übereinstimmung mit StGB. § 2 S. 1 sowie mit § 1 *OVE.* und *SchVE.* Art. 1 den Satz, daß nur auf Grund einer gesetzlichen Bestimmung, also nicht auf Grund eines Gewohnheitsrechtes oder einer Analogie eine Handlung als strafbar charakterisiert werden darf. Daß bei gegenwärtigen Kulturverhältnissen ein Gewohnheitsrecht nicht Grund der Strafbarkeit einer Handlung sein kann, wird einer Erörterung nicht bedürfen. Dagegen ist vereinzelt die Verwendung der Analogie wie im römischen und im früheren gemeinen Recht befürwortet worden, da sonst Handlungen oft straflos gelassen werden müssen, an deren Strafwürdigkeit und Strafbedürftigkeit nicht zu zweifeln sei. Aber bei solcher Verwendung der Analogie kann aus dem Wortlaut des Gesetzes nicht mit genügender Sicherheit erkannt werden, ob eine Handlung bei Strafe verboten ist. Es geht mithin die wichtige negative Funktion des Strafgesetzes verloren, dem einzelnen Menschen zu sagen, wieweit die Freiheit seines Handelns sich erstreckt. Dieser Nachteil wiegt schwerer als der Nachteil, einige strafwürdige Handlungen eine Zeitlang[2]) unbestraft zu lassen[3]), und gerade in einer Zeit der Klassenkämpfe könnte bei Zulassung einer Bestrafung auf Grund einer immerhin leicht zu bestreitenden Analogie die

---

[1]) Eine mehr eingehende allgemeine Darstellung der gesamten — hier mit Rücksicht auf die drei Vorentwürfe für das Deutsche Reich, für Österreich und für die Schweiz behandelten — Lehre vom Strafgesetze findet sich in meinem Buche „Gesetz und Schuld im Strafrecht“ Bd. I, 1906 (zitiert „Gesetz und Schuld“). — Das gegenwärtig geltende deutsche Strafgesetzbuch ist im Folgenden mit StGB. zitiert.

[2]) Bei umfangreicherer Tätigkeit der Gesetzgebung werden Handlungen, deren Bestrafung als dringendes Bedürfnis erscheint, nicht lange straflos bleiben.

[3]) Im Zivilrecht ist ein umfassender Gebrauch der Analogie nicht zu entbehren: in jedem Falle muß über Mein und Dein entschieden werden können. Dagegen kann die Rechtsordnung aus vielfachen Gründen auf die Bestrafung mancher Handlungen verzichten, die der strengen Konsequenz nach bestraft werden müßten.

Justiz oft dem Vorwurfe wenigstens unbewußter Parteilichkeit ausgesetzt sein. Es verschlägt dagegen nichts, daß in einzelnen Fällen die Grenze zwischen Analogie und Auslegung zweifelhaft sein kann, so daß trotz des Verbotes der Bestrafung auf Grund der Analogie Bestrafungen tatsächlich vorkommen, welche nicht einmal durch Berufung auf eine recht vage Rechtsanalogie zu rechtfertigen wären. Wir begegnen denn auch dem Verbot der Bestrafung auf Grund der Analogie fast in allen neueren Gesetzgebungen. Es ist damit nicht ausgeschlossen, Gründe der Schuld- oder Strafausschließung oder der Straftilgung nach Analogie für andere Fälle für anwendbar zu erklären oder eine ungenau bestimmte Strafe auf Grund verwandter Gesetzesbestimmungen festzustellen.

§ 2 Satz 1 des *DVE.* enthält ebenso wie § 2 S. 1 des StGB. in Übereinstimmung mit vielen anderen Gesetzgebungen zugleich das Verbot einer Bestrafung vermöge Rückanwendung eines Strafgesetzes, während Art. 1 des *SchVE.* und § 1 des *OVE.* das Verbot der Analogie von der Frage der zeitlichen Herrschaft des Strafgesetzes trennen. Die letztere Fassung des Gesetzes ist vorzuziehen, da nach der im *DVE.* vorgenommenen Fassung bei einer Änderung des Strafgesetzes als das eigentlich maßgebende Prinzip die Anwendung des zur Zeit der Handlung geltenden Gesetzes erscheint, und dies dürfte unrichtig sein. Ich möchte vorschlagen zu setzen:

> „Eine Handlung darf nur bestraft werden, wenn ein Gesetz sie für strafbar erklärt."

Zeitliches Herrschaftsgebiet des Strafgesetzes.

Die Änderung des Strafgesetzes betreffend, so gewinnt die Ansicht, daß prinzipiell das neue, zur Zeit der Aburteilung geltende Gesetz für maßgebend zu erachten sei, immer mehr Anhänger[1]). Es folgt daraus, daß im Zweifelsfalle, ob das frühere oder das spätere Gesetz das mildere ist, letzteres Anwendung findet, und ebenfalls, daß der Strafvollzug innerhalb der von beiden Gesetzen mit demselben Namen bezeichneten Strafart nach dem neuen Gesetz sich richtet. Die Anwendung eines früheren Gesetzes ist also nur deshalb geboten, weil die Rechtsordnung das Vertrauen des Individuums auf die zur Zeit der Handlung bestehende Freiheit des Handelns nicht täuschen darf. Es kann aber nur darauf ankommen, wie sich die bei Änderung in Betracht zu-

---

[1]) Dieser Ansicht entspricht die Redaktion des *SchVE.* Art. 2 wie des *OVE.* § 79 Satz 2.

ziehenden Gesetzgebungen im Ergebnisse zu der einzelnen konkreten Handlung stellen; ob für andere Fälle die neue oder die frühere Gesetzgebung strenger ist, hat für das Individuum (den Angeklagten oder Anzuklagenden) keine Bedeutung. Dem entspricht die auch von anderen neueren Gesetzen in wesentlich gleicher Gestalt angenommene Fassung des *DVE.* „Wird das Gesetz bis zur Aburteilung geändert, so kommt das dem Täter günstigste [1]) Gesetz zur Anwendung".

Nach fast allen neueren Gesetzen und auch nach den drei Vorentwürfen kommt aber nicht nur die vollständige Straflosigkeit, vielmehr auch die geringere (geringste) Strafe zur Anwendung, und das ist durchaus zu billigen. Wenngleich der Gesetzübertreter häufig von der Größe der ihm drohenden Strafe eine bestimmte Vorstellung nicht hat, so ist das Gegenteil doch immerhin möglich, namentlich wenn eine moralisch nicht verwerfliche Handlung begangen wird, und der Handelnde eventuell gerade die angedrohte Strafe auf sich nehmen will, nicht aber eine erheblich schwerere (man denke z. B. an den Fall, daß jemand, um einen Freund einer schimpflichen Strafe zu entziehen, ihm zur Flucht behilflich ist, also einer Begünstigung sich schuldig macht, oder daß jemand eine Übertretung begeht, die später als Vergehen mit Gefängnis geahndet wird). Die Anwendung der strengeren Strafe nach dem späteren Gesetze wäre hier eine teilweise Verleugnung des Prinzips selbst, in Wahrheit eine nicht zu rechtfertigende Härte, und der Grund, den Traeger (*Vergl. Darst. VI. 336*) für die singuläre Ansicht [2]) der Anwendung der nach dem späteren Gesetze strenger ausfallenden Strafe anführt, es könne rationellerweise eine später für ungenügend (z. B. zur Besserung des Schuldigen) erachtete Strafe nicht wohl ausgesprochen werden, würde in seiner Konsequenz, überhaupt die Berücksichtigung des früheren Gesetzes ausschließen: man dürfte dann nach Maßgabe des früheren Gesetzes auch den-

---

[1]) Der *DVE.* nimmt ebenso wie das StGB., indem er sich des Superlativs „günstigste" bedient, auch Rücksicht auf ein noch milderes zur Zeit der Aburteilung wieder aufgehobenes Zwischengesetz, während andere Gesetze durch den Gebrauch des Komparativs „günstigere" dies nicht tun. Diese Differenz ist nicht mehr von großer praktischer Bedeutung. Anders, als es sich um die kurz vor der Ausarbeitung des StGB. in einigen Bundesstaaten beseitigte Todesstrafe handelte.

[2]) Traeger hat unter den Gesetzgebungen nur die neue russische für seine Ansicht angeführt. Aber auch in dem russischen Gesetze gilt sie nur mit Einschränkung.

jenigen nicht straflos lassen, den man jetzt für besserungsbedürftig, weil für gefährlich erachtet[1]).

Dagegen halte ich die in § 80 Satz 2 des *OVE.* gegebene Bestimmung

„Sicherungsmittel sind auch dann anzuwenden, wenn sie nur im neuen Gesetze vorgesehen sind"

für durchaus richtig und angemessen. Wenn das neue Gesetz dem Richter die Befugnis gibt, gefährliche Angeklagte, die wegen Zurechnungsunfähigkeit freigesprochen werden, in eine Irrenanstalt verbringen zu lassen, so wäre es widersinnig, diese Maßregel deshalb auszuschließen, weil die Handlung vor dem Inkrafttreten des neuen Gesetzes begangen wurde.

Nicht nötig und vielleicht irreführend scheint mir der vom *OVE.* hinzugefügte Schluß des § 79: „Ist der Täter nach beiden Gesetzen strafbar, so ist als das günstigere Gesetz dasjenige anzuwenden, das die mildere Strafart androht. Sind die angedrohten Strafen der Art nach gleich, so wird das neue Gesetz angewendet, sofern nicht die Obergrenze der angedrohten Strafe höher ist." Dagegen halte ich eine besondere Bestimmung für erforderlich für den Fall, daß die Handlung nach dem älteren Gesetze mit einer Strafart geahndet werden müßte, welche nach dem späteren Gesetze überhaupt unzulässig ist (z. B. wenn, wie der *DVE.* will, die Festungshaft beseitigt wird). Fehlt solche Bestimmung, so muß die Handlung straffrei bleiben.

Als durch das StGB. (in seiner ursprünglichen Gestalt) für eine Reihe von Delikten zur Strafverfolgung das nach früheren deutschen Gesetzen (insbesondere nach dem preußischen Gesetze) dafür nicht existierende Erfordernis eines Strafantrags des Verletzten aufgestellt wurde, entstand der wohl nicht völlig unbegründete Zweifel, ob erst von dem Inkrafttreten des StGB. ab die darin zur Stellung des Strafantrags gesetzte Frist dem Verletzten laufe. Eine dem Verletzten diese Frist gewährende besondere Vorschrift, welche in dem Entwurf eines Einführungsgesetzes zu dem *OVE.* Art. 39 Nr. 3 für die binnen bestimmter Frist zu erhebende Privatklage sich findet, dürfte daher auch für den *DVE.* sich empfehlen und zwar am besten in diesem selbst ihre Stelle

[1]) **Traeger** macht als Nebengrund geltend, daß aus der Berücksichtigung auch nur einer geringeren, nach dem früheren Gesetze zu verhängenden Strafe manche Schwierigkeiten in einzelnen Fällen entstehen. Die meisten dieser Schwierigkeiten dürften sich aber einfach erledigen, wenn als das im Zweifelsfalle anzuwendende Gesetz das neue Gesetz gilt.

erhalten, da der betreffende Fall nicht nur nach dem künftigen StGB., sondern auch nach Nebenstrafgesetzen vorkommen könnte; es ist doch von vornherein nicht abzusehen, ob nicht für manche Delikte das Antragserfordernis eingeführt oder wieder eingeführt werden wird.

Auch rechtskräftige Verurteilungen würden nach Maßgabe eines neuen milderen Gesetzes nach absoluter Gerechtigkeit zu mildern sein, solange vollständige Strafverbüßung nicht stattgefunden hat. Aber die Verwirklichung begegnet unüberwindlicher Schwierigkeit, wenn die Verurteilungen auf Grund mündlicher Verhandlungen erfolgt sind. Hier bleibt nur die Milderung durch die freie Begnadigungsmacht, und selbst diese kann nur in besonders scharf hervortretenden Fällen helfen.

Anders steht es jedoch mit Straffolgen und Nebenstrafen, welche von einer späteren Gesetzgebung als irrationell gemißbilligt und beseitigt werden. Da die deutsche Praxis aber bisher die entgegengesetzte Ansicht befolgt hat, welche der Res judicata eine übermäßige Bedeutung beilegt, so empfiehlt es sich, den Wegfall solcher Straffolgen und Nebenstrafen, mögen sie ausdrücklich erkannt sein oder ipso jure mit der Verurteilung verbunden sein, ausdrücklich im Gesetze auszusprechen[1]).

> „Straffolgen, die nur eines der beiden Gesetze androht oder vorsieht, sind auch im Falle früherer rechtskräftiger Verurteilung ausgeschlossen."

Örtliches Herrschaftsgebiet des Strafgesetzes.

(StGB. §§ 3—10).

Für die hier in Betracht kommenden Bestimmungen werden folgende Erfordernisse aufzustellen sein. Diese Bestimmungen müssen

1. unserem Staate und dem, was zu ihm gehört, den nötigen Schutz, insbesondere durch sog. Generalprävention gewähren;

2. möglichst wenig Anlaß zu Zweifeln und Kontroversen über die Frage geben, ob die Strafgewalt unseres Staates begründet ist, und diese Frage muß, wenn irgendmöglich, schon bei den ersten ein Strafverfahren einleitenden Maßregeln mit Sicherheit zu beantworten sein, zur Vermeidung von Untersuchungen, die schließlich

---

[1]) Oder soll etwa auf Grund früherer Verurteilung die von den Verfassern des *DVE.* gemißbilligte Polizeiaufsicht noch fortdauern? Der *OVE.* § 80 Abs. 1, der sich auf erst ergehende Urteile bezieht, könnte vielleicht durch Argumentum a contrario in diesem Sinne verstanden werden.

bei uns nicht zu Ende geführt werden, aber unsre Justizverwaltung unnütz mit Kosten, ja mit Schadensersatzforderungen belasten können.

3. Sie dürfen unbillige oder gar das Völkerrecht verletzende Anforderungen an im Auslande sich aufhaltende Personen nicht stellen, zumal Überspannung des Herrschaftsgebietes der deutschen Strafgesetze auch den deutschen Staatsangehörigen zum Nachteil gereichen kann; denn vermöge des in internationalen Verhältnissen geltenden Grundsatzes der Reziprozität würde unsere Regierung dann auch eine vom Auslande vorgenommene Überspannung der dortigen Strafgewalt gegenüber deutschen Staatsangehörigen ohne die Möglichkeit eines schützenden Widerspruchs hinnehmen müssen.

Hiernach sind die verschiedenen über die internationale Anwendung aufgestellten Prinzipien zu würdigen, und zwar

1. das Prinzip des Welt- oder universellen Strafrechts, demzufolge jeder Staat das Recht (und auch die Pflicht?) hat, jedes irgendwo von irgendwem begangene Verbrechen (wenigstens jedes schwere Verbrechen) zu strafen. Begründet wird diese Theorie durch die Behauptung, schwere Verbrechen seien überall im wesentlichen gleichmäßig strafbar, und im Interesse aller Staaten liege es, daß sie nicht straflos bleiben. Aber die erste, grundlegende Behauptung ist irrig. Nicht einmal in benachbarten Kulturstaaten sind schwerere Straftaten durchgehends gleichmäßig strafbar. Tötung im Zweikampf wird z. B. nach englischem und französischem Strafrecht durchaus anders behandelt als nach deutschem Rechte. Sieht man aber gar auf die praktische Handhabung des Gesetzes, so treten klaffende Differenzen hervor, und zwar um so mehr, wenn Laien über die Schuldfrage urteilen. Mit dem sog. Weltstrafrecht gerät man daher in Gefahr, den Angeklagten in einer Weise zu bestrafen, die dem Rechtsbewußtsein des Volkes, zu welchem er gehört oder in dessen Gebiet er gehandelt hat, völlig zuwiderläuft. Dieser Gefahr kann zwar dadurch begegnet werden, daß man das Gesetz des Tatortes anwendet, falls es milder ist. Aber damit wird das Universalprinzip in Wahrheit aufgegeben: es wird zu einem subsidiären Prinzip entweder gegenüber dem Territorial- oder gegenüber dem Personalitätsprinzip. Tatsächlich will man es doch nur anwenden, wenn Auslieferung an den Staat des Tatorts oder den Heimatstaat des Schuldigen ausgeschlossen ist. Es bleibt aber die Gefahr, daß jedermann an jedem Orte der Kulturwelt, wo die Widerlegung zufällig entstandener Verdachtsgründe oder böswilliger Denunziationen sehr schwer fallen kann, schlimmen prozessualen Nachteilen, z. B. einer Verhaftung, auch ohne Verlangen des eigentlich zuständigen Staates ausgesetzt ist.

2. Die allgemeine Gültigkeit und Anerkennung des Territorialprinzips[1]), vermöge dessen die Strafgewalt des Staates für alle innerhalb seines Gebietes begangenen Handlungen begründet ist, kann einem Zweifel nicht unterliegen. Bestritten ist nur

a) seine Anwendung im Falle der sog. Distanzdelikte: ist, wenn die Handlung im engeren Sinne im Gebiete des Staates A begangen, der zum Tatbestande des Delikts gehörige Erfolg aber im Gebiete des Staates B eingetreten ist, der Staat A oder der Staat B oder der eine wie der andere dieser Staaten zuständig? Diese Frage wird unten erörtert werden.

b) die Zulässigkeit einer Kombination des Territorialitätsprinzips mit den unter 3. und 4. zu erwähnenden Zuständigkeits-

---

[1]) Es braucht eigentlich nicht bemerkt zu werden, daß die Zuständigkeit der inländischen Strafgewalt für alle im Inlandsgebiete begangenen strafbaren Handlungen in sämtlichen der Vorentwürfe sanktioniert ist (*DVE.* § 3, *OEV.* § 81, *SchVE.* Art. 6 Satz 1). Fraglich konnte nur sein, ob auch Bestimmungen über den Begriff des Inlandes im StGB. Platz zu finden haben oder diese Begriffsbestimmung dem Völkerrecht zu überlassen sei. Der *DVE.* (vgl. Begr. S. 9) hat sich in letzterer (meines Erachtens richtiger) Weise entschieden und daher die in § 8 des gegenwärtig geltenden StGB. gegebene Definition des Auslandes im Sinne des StGB. weggelassen. Dafür spricht auch, daß im StGB. eine erschöpfende Aufzählung alles dessen, was im Sinne des Strafgesetzes Inland sein muß, schwierig sein würde. Indes könnte nach dem Muster des *OEV.* (§ 81 letzter Absatz und § 82) zweckmäßig gesagt werden:

> „Eine strafbare Handlung, die an Bord eines ausländischen Handelsschiffes in einem deutschen Hafen begangen wurde, wird nur dann im Deutschen Reiche verfolgt, wenn sie die Ruhe des Hafens gefährdet oder gegen einen Inländer gerichtet war, oder wenn die Behörde des ausländischen Staates darum nachsucht."

Und:

> „Eine strafbare Handlung, die an Bord eines inländischen Handelsschiffes in einem ausländischen Hafen begangen wurde, wird im Inlande verfolgt, wenn sie im Staate des Begehungsortes nicht verfolgt wird."

Um anzuzeigen, daß hier Bestimmungen getroffen werden, welche zwar der strengen Konsequenz nicht entsprechen, aber allgemeine internationale Billigung finden werden, auch bereits praktische Anwendung im Auslande erfahren haben, wird es sich dabei empfehlen, den Satz voranzuschicken:

Das Völkerrecht bestimmt die räumliche Begrenzung des deutschen Reichsgebiets. Jedoch

1. eine strafbare Handlung usw.
2. eine strafbare Handlung usw.

gründen des Personalitäts- bzw. des Real- (oder Schutz-) Prinzips. Die Gesetzgebungen haben diese eigentlich nur theoretisch bestrittene Frage längst im bejahenden Sinne beantwortet; denn praktisch ist mit dem Territorialitätsprinzipe allein nicht auszukommen. Man kann Staatsangehörige im Auslande nicht von aller und jeder Beobachtung heimatlicher Strafgesetze für befreit erachten; sie könnten dann insbesondere Hoch- und Landesverrat gegen den heimatlichen Staat im Auslande leicht straflos begehen, da ein fremder Staat sogar ein Interesse an der Begehung solcher Verbrechen gegen unseren Staat haben kann. Die Unverträglichkeit des Territorialitätsprinzips mit anderen Hilfsprinzipien, welche die Zuständigkeit der staatlichen Strafgewalt erweitern, ist vielmehr eine unerwiesene theoretische Behauptung. Indem wir unsere Staatsangehörigen wegen gewisser im Auslande begangener Handlungen strafen, behaupten wir keineswegs, daß der Staat des Tatortes nicht auch ein Recht der Bestrafung habe. Vielmehr würde der reinen Konsequenz nach eine doppelte Bestrafung zulässig sein; und nur die dabei sich gegenüber dem Schuldigen ergebende Unbilligkeit führt zu dem Satze, daß die im Auslande verbüßte Strafe die inländische ersetze oder mindestens auf diese angerechnet werde. Straft aber der Staat des Tatortes die Tat nicht, so ist es doch keineswegs ein Eingriff in die Rechte dieses Staates, wenn wir von unseren dort sich aufhaltenden Angehörigen noch die Beobachtung anderer Beschränkungen ihrer Handlungsfreiheit fordern. Daraus ergeben sich aller Regel nach irgendwelche Kollisionen nicht. Letztere sind nur möglich, wenn von der einen oder anderen Seite Völkerrechtswidriges verlangt wird, z. B. von dem Staate des Aufenthaltsortes Leistung von Kriegsdienst unserer Staatsangehörigen, oder aber über die Staatsangehörigkeit Zweifel bestehen, und bekanntlich gibt es kein Rechtsprinzip, bei welchem zweifelhafte Fälle absolut ausgeschlossen wären.

Indes ist es durch die Billigkeit geboten, die Staatsangehörigen im Auslande nicht unbedingt zur Beobachtung aller heimatlichen Strafgesetze zu verpflichten[1]). Wer nicht allzu kurze Zeit in einem Lande lebt, eignet sich mehr oder weniger die dort geltenden Sitten und Rechtsanschauungen an, letztere namentlich über das, was dort erlaubt ist. Außerdem muß anerkannt werden, daß der Gesetz-

[1]) So bemerkte ein namhafter englischer Jurist, Sir Cornewall Lewis (On foreign jurisdiction, London 1859 S. 29), das heimatliche Strafgesetz dürfe nicht wie ein um den Hals gelegter Strick den Menschen ins Ausland begleiten.

geber des Gebietes, in welchem Lebensvorgänge sich ereignen, der Regel nach am besten beurteilen wird, welche Handlungen dort mit Rücksicht auf Temperament und Sitten der Bevölkerung erlaubt sein können oder erlaubt sein müssen, während unbedingte und ausnahmslose Verpflichtung der im Auslande sich aufhaltenden Inländer durch deren heimatliches Strafgesetz auf der Prätension beruht, mit unfehlbarer Sicherheit zu wissen, was an jedem Orte der Welt angemessen ist[1]. So muß eine am Orte der Handlung Erlaubtheit (Straflosigkeit) der letzteren mindestens auch Straflosigkeit in der Heimat des Handelnden bewirken, und der Konsequenz und Billigkeit entspricht es sogar, die nach dem Gesetze des Begehungsortes etwas milder ausfallende Strafe dem Inländer zugute kommen zu lassen. Aber allerdings ist von dieser Ausnahme wieder eine Ausnahme zu machen, welche also die Gebundenheit durch das heimatliche Strafgesetz enthält. Letztere muß gelten für Handlungen, welche gegen Sicherheit und Bestand des heimatlichen Staates gerichtet oder die Achtung vor dessen Oberhaupte, oder wenn der Handelnde im Dienste seines heimatlichen Staates steht, die Dienstpflichten verletzen. In dieser Beziehung wird bei einem normal empfindenden Menschen das Heimats- und Pflichtgefühl gegenüber den am Aufenthaltsorte wirkenden Einflüssen prävalieren, während andererseits der auswärtige Staat die gegen unseren Staat begangenen Staats- und Dienstverbrechen gar nicht oder nur ungenügend (anders als wären sie gegen ihn selbst begangen) bestraft. Und von einer Aneignung fremder Rechtsanschauungen kann nicht geredet werden, wenn der Aufenthaltsort staatenloses Gebiet ist, oder ein Gebiet, in welchem europäische Staaten über ihre Angehörigen Konsulargerichtsbarkeit in Strafsachen ausüben, weil unsere Kultur in fundamentalen Beziehungen von der dort herrschenden Kultur abweicht.

Insoweit aber Straflosigkeit der Handlung in Gemäßheit des am Begehungsorte geltenden Gesetzes auch den Inländer von inländischer Strafe befreit, muß diese Befreiung auch für die nach dem Gesetze des Begehungsortes eingetretenen Straftilgungsgründe im Inlande anerkannt werden. Dem Kulturstaat, in dessen Gebiete die Handlung begangen wurde, wird das zutreffende Urteil auch darüber nicht zu bestreiten sein, ob die Handlung Begnadigung

---

[1]) Man könnte geneigt sein, für die sog. Sittlichkeitsdelikte die unbedingte Gebundenheit der Inländer anzunehmen. Aber gerade die Bestrafung dieser Delikte, sofern sie nicht mit Gewalt oder mit Minderjährigen begangen werden, ist legislativ von sehr zweifelhaftem Werte.

(Erlaß) verdiente, und ob längerer Zeitablauf (Verjährung) die Bestrafung nicht mehr angemessen (nicht mehr gerecht) erscheinen läßt. Allerdings gelangt man durch die reine Konsequenz nicht zur Anerkennung eines praktisch besonders wichtigen Straftilgungsgrundes — des freisprechenden Urteils — wenigstens nicht zur Anerkennung eines deshalb freisprechenden Urteils, weil die Handlung nicht als erwiesen angenommen ist. In der strengen Konsequenz liegt vielmehr nur die Anerkennung eines Urteils, welches freispricht, weil die Handlung, wenn oder obgleich erwiesen, doch nicht strafbar sei. Aber die Schwierigkeit, diese beiden Arten freisprechender Urteile zu unterscheiden — namentlich bei Verdikten der Geschwornen — muß in Verbindung mit der Rücksicht, den Angeklagten nicht zweimal den Leiden eines Strafverfahrens zu unterwerfen und zugleich zu differierenden Urteilen Anlaß zu geben, die Anerkennung jedes freisprechenden Urteils rechtfertigen, welches von einem Gerichte des Staates ergangen ist, in dessen Gebiete der Begehungsort der Handlung liegt (es müßte sich denn um ein Delikt exzeptioneller Art handeln, wie um Hoch- oder Landesverrat).

4. Nach dem Schutz- oder, wie man jetzt häufiger sagt, nach dem Realprinzip soll der Staat außer den nach dem Territorialitätsprinzip seiner Strafgewalt unterliegenden Handlungen auch diejenigen Handlungen nach seinem Gesetze strafen, welche gegen Objekte gerichtet sind, die der Staat zu schützen berufen ist, und solche Objekte sind der Staat selbst und die ihm (dauernd) angehörenden Personen und deren Güter (oder Rechtssphäre). Man könnte freilich das Prinzip auch dahin dem Wortlaut nach fassen, daß es bedeuten würde, strafrechtlichen Schutz des Staates selbst und der in seinem Territorium befindlichen Personen und Güter. Aber dann wäre es, genau betrachtet, nur eine (nicht konsequente) Erweiterung des Territorialitätsprinzips von nicht prinzipieller Bedeutung. Man versteht daher das Realprinzip jetzt meist in dem ersteren Sinne. Ist es nun, in diesem Sinne genommen, haltbar:

a) mit Rücksicht auf die zu respektierende Souveränität andrer Staaten?

b) mit Rücksicht auf Gerechtigkeit und Zweckmäßigkeit?

Die erste dieser Fragen betreffend, behaupten die neuesten Vertreter dieses Prinzips, Hegler[2]) und Mendelssohn-Bar-

[1]) Darüber unten.

[2]) Prinzipien des internationalen Strafrechts. 1906.

tholdy[1]), jeder Staat habe (ausgenommen etwa das Privileg der Exterritorialität[2]) das Recht, seine Strafgewalt im Verhältnis zu anderen Staaten so weit auszudehnen, als es ihm nützlich erscheine (sog. Kompetenz-Kompetenz). Sie berufen sich darauf, daß in zahlreichen Gesetzbüchern für Handlungen von Ausländern im Ausland, falls Angehörige des gesetzgebenden Staates verletzt werden, das Strafgesetzbuch des gesetzgebenden Staates für anwendbar erklärt sei, ohne daß dagegen internationale Proteste erhoben werden. Die Irrigkeit dieser Schlußfolgerung habe ich bereits anderweit nachzuweisen unternommen (Gesetz und Schuld S. 103ff.). Die Diplomatie hat nicht die Gewohnheit, in umfangreichen Gesetzbüchern anderer Staaten nach Bestimmungen zu suchen, die etwa die Zuständigkeit des gesetzgebenden Staates überschreiten und Rechte anderer Staaten oder ihrer Angehörigen verletzen können. Erst ein praktischer Fall, in dem es der Mühe lohnt, in dem eine Beschwerde eines vom Gesetz unangenehm Getroffenen einläuft[3]), gibt Anlaß zu diplomatischen Reklamationen, und da bis dahin lange Zeit verfließen kann, so ziehen diejenigen, welche die internationale Praxis wenig kennen, aus dem ungestörten Stilleben eines Gesetzes den Schluß, daß gegen das Gesetz nichts einzuwenden sei. Das Auswärtige Amt der Vereinigten Staaten von Nordamerika hat aber z. B. einmal energisch und mit Erfolg protestiert, als ein nordamerikanischer Bürger wegen einer im Gebiete der Vereinigten Staaten veröffentlichten Beleidigung eines Mexikaners in Mexiko abgestraft werden sollte[4]), und wenn die

---

[1]) *Vergl. Darst. Allg. T. VI. 83—316.* Hier ist der zwei Jahre zuvor erschienene Abschnitt Gesetz und Schuld völlig unberücksichtigt geblieben.

[2]) Könnte der Mendelssohn-Bartholdyschen Lehre zufolge ein einzelner Staat dies nicht auch für sich abschaffen, wenn es ihm zweckmäßig erschiene, da M.-B. (vgl. S. 200) das ganze Völkerrecht als nur auf Meinungen einzelner Internationalisten „auf zwei Augen" beruhend erachtet.

[3]) Das internationale Gaunertum hat meist kein Interesse, gegen Bestrafung im Auslande zu protestieren, da diese Bestrafung gewöhnlich die in anderen Staaten ergangenen Vorbestrafungen unberücksichtigt läßt, also milder ausfällt.

[4]) Die Bemühungen Mendelssohn-Bartholdys a. a. O. S. 133ff. diesen Fall (Cutting-Fall) als nicht beweisend und die Ausführungen des nordamerikanischen State-Departments als verfehlt darzustellen, scheinen mir mißlungen. Dies im einzelnen zu begründen, fehlt hier freilich der Raum. Doch sei folgendes bemerkt. S. 139 wird als Fehler angerechnet, daß die nordamerikanische Regierung anfangs das reine Territorialitätsprinzip vertreten habe, weiterhin aber sage, sie könne nicht zulassen, daß ein nordamerikanischer Bürger wegen einer im Gebiete der nordamerika-

Erstreckung der englischen Strafgewalt auf außerhalb des vereinigten Königreichs begangene Handlungen in Frage stand, ist von den englischen Juristen übereinstimmend stets hervorgehoben worden, daß man keineswegs unbeschränkt über Handlungen von Ausländern im Auslande eine Strafgewalt sich anmaßen dürfe: wenn auf englischen Schiffen als Seeleute dienende Ausländer nach englischen Gesetzen für schwere Verbrechen gestraft werden, so beruht dies auf einer freiwilligen Unterwerfung dieser Seeleute, welche auf einem englischen Schiffe Dienste nehmen, und gegen jene Wirkung dieser freiwilligen Unterwerfung zu protestieren, wird keiner Regierung einfallen, da diese Unterwerfung der internationalen Sicherheit der Seefahrt höchst dienlich ist, also auch im allgemeinen Interesse liegt.

In Wahrheit kann doch nicht geleugnet werden, daß jedes Strafgesetz einen Zwang ausüben soll gegen denjenigen, gegen den seine Drohung sich eintretenden Falles richtet. Daher erhebt der Gesetzgeber, der Handlungen von Ausländern im Auslande seiner Strafgewalt unterwerfen will, in der Tat den Anspruch, gegen Ausländer im Auslande Zwang ausüben zu dürfen; er will, daß Ausländer im Ausland sich gegen seine Angehörigen in bestimmter Weise betragen, auch wenn der ausländische Staat gegen solches Betragen nichts oder, indem er nur gelinde bestraft, wenig einzuwenden findet. Dies ist ein theoretischer Eingriff in die Souveränität des anderen Staates, der durch wirkliche Bestrafung zu einem realen Eingriff sich gestaltet. Nebenbei wird damit für Staatsangehörige im Auslande ein im Falle praktischer Anwendung Haß und Erbitterung erregendes Privileg beansprucht, und da ein im Auslande handelnder Ausländer in den weitaus meisten Fällen gar nicht wissen oder nicht beachten wird, daß der Verletzte ein Angehöriger des X ist, so ist der Hauptzweck des Realprinzips, der Schutz durch sog. Generalprävention für den Staat X, der jenes Prinzip annimmt, gar nicht zu erreichen: er könnte

nischen Union vorgenommenen Handlung auswärts bestraft werde. Dabei ist übersehen, daß Völkerrechtswidrigkeiten, durch welche Privatpersonen betroffen werden, nur dann einer Regierung international gerechtfertigten Anlaß zum Einschreiten geben, wenn jene Personen Angehörige oder doch Schutzbefohlene des Staates dieser Regierung sind; ohne dies würde der Regierung die Legitimation zur Sache fehlen. Gegen den Protest der nordamerikanischen Regierung ließ sich allerdings einwenden, daß man nach englisch-nordamerikanischem Recht bei Distanzdelikten auch das Gericht des Wirkungslandes (hier Mexiko) als zuständig ansieht. (Gesetz und Schuld I, S. 143).

nur kraft des Notrechtes gerechtfertigt werden, wenn der fremde Staat Ausländer nicht ebenso strafrechtlich schützte wie seine Angehörigen.

Es entsteht aber, wenn viele Staaten eine solche Ausdehnung ihrer Strafgewalt vornehmen, eine allgemeine Rechtsunsicherheit. Es genügt nicht, um vor Bestrafung sicher zu sein, das am Ort der Handlung geltende Strafgesetz zu beachten; man muß vielmehr, um sicher zu sein, nicht bei einem Aufenthalte im Auslande nach dem dortigen Recht prozessiert und bestraft zu werden, die Gesetzbücher der gesamten Kulturwelt einsehen. Und diese Unsicherheit fällt zurück auf die Angehörigen besonders derjenigen Staaten, welche durch Erstreckung ihrer Strafgewalt ihre Angehörigen zu schützen suchen. Die Regierungen dieser Staaten verlieren vermöge der internationalen Regel der Reziprozität jede Möglichkeit, ihre Angehörigen zu schützen, wenn diesen wegen einer in der Heimat vorgenommenen, hier straffreien Handlung im Auslande der Prozeß gemacht wird; z. B. würde bei Annahme des Realprinzips in der künftigen deutschen Gesetzgebung die deutsche Regierung einen Deutschen nicht mehr schützen können, der wegen eines im Deutschen Reich veröffentlichten Preßerzeugnisses in Rußland oder Bulgarien verhaftet und bestraft werden würde.

Ist solche Rechtsunsicherheit herbeizuführen, wirklich nützlich, wenn doch in jedem Kulturstaate, jede eine Privatperson oder deren Güter verletzende strafbare Handlung genau in der gleichen Weise bestraft wird, der Verletzte mag Ausländer oder Inländer sein?

Die unter b bezeichnete Frage ist durch die vorstehenden Ausführungen, welche zunächst die völkerrechtliche Unzulässigkeit einer allgemeinen Anwendung des Realprinzips betreffen, großenteils schon mit beantwortet. Es erübrigt noch die Sicherheit der Anwendung des Realprinzips zu prüfen, insofern Zweifel über die Zuständigkeit der inländischen Strafgewalt möglichst vermieden werden müssen. Diese Prüfung bietet aber ebenfalls ein dem Realprinzip höchst ungünstiges Ergebnis. Bei vielen Delikten ist es keineswegs leicht zu bestimmen, wer der tatsächlich Verletzte ist, und auf diese Tatsächlichkeit, nicht auf die Frage, wer z. B. Verletzter im Sinne des Strafrechts, muß es ankommen, wenn wirklich ausgiebig Schutz gewährt werden soll? Wer ist z. B. der Verletzte bei einer Brandstiftung, wenn das in Brand gesetzte Gebäude vollständig oder überschießend versichert war? Der Eigentümer, der Nutznießer, der oder die Mieter, oder die Versicherungsgesellschaft? Wer ist der Verletzte beim Diebstahl, wenn die Sache dem Kommodatar, dem Verwahrer gestohlen ist, und letztere Personen unter gewissen Voraussetzungen dem Eigentümer haftbar sind usw.? Von diesen Fragen, deren tatsächliche Unterlagen erst im weiteren Fortgange des Verfahrens klar zu werden pflegen, soll aber die Eröffnung des Verfahrens gegen einen Ausländer abhängen, dessen Handlung, wenn überhaupt begangen, irgendwo im Auslande begangen ist, und dessen Vorleben ebenfalls dem Auslande angehört!

Hegler und besonders Mendelssohn-Bartholdy haben das Realprinzip in feinerer Weise umzugestalten versucht. Sie sind der Meinung, je nach der Natur der einzelnen Deliktsarten ergebe sich von selbst, wie das Interesse des Staates an der (internationalen) Anwendung der einzelnen Strafgesetze beschaffen sei, ob also das einzelne Strafgesetz nur territorial oder auch personell oder nach dem verletzten Interesse (Realprinzip) anzuwenden sei. Daß dabei sehr verschiedene Auffassungen bei vielen Delikten möglich sind[1]), und die Schwierigkeiten der praktischen Anwendung bis ins Unerträgliche wachsen können, dürfte unschwer zu erweisen sein. Die gesamte Grundlage beruht, so scheint es, aber auch auf einer irrtümlich angenommenen Analogie, nach welcher von dem internationalen Privatrechte auf das internationale Strafrecht ein Schluß gezogen worden ist. Die internationale Behandlung der Privatrechtsverhältnisse ergibt sich der Regel nach aus der Natur dieser Verhältnisse, und mehr oder weniger unmittelbar oder mittelbar ist es der freie Wille der Beteiligten, der für sie maßgebend ist. In der Regel folgt sie dem freien Willen unmittelbar, wenn die Beteiligten Verträge schließen, mittelbar, wenn sie selbst oder ihre Aszendenten eine Staatsangehörigkeit, einen Wohnsitz wählen. Das Strafrecht dagegen beruht auf der Zwangsmoral der Gesamtheit. Da fragt es sich, gegen wen darf eine Gesamtheit (ein Staat) Zwang ausüben, und unter welchen Voraussetzungen kann dies geschehen ohne Widerspruch gegen Billigkeit und Zweckmäßigkeit.

Es bleibt also als theoretisch und praktisch gerechtfertigt nur die Kombination von Territorialitäts- und Personalitätsprinzip[2]); wie sie oben dargelegt ist. Sie liegt auch zugrunde den 1883 gefaßten, sehr genau erwogenen Beschlüssen des Instituts für internationales

---

[1]) Je nachdem man z. B. die sog. Partierei als Eigentumsdelikt oder als Delikt gegen die Rechtspflege ansieht, würde sich eine verschiedene Zuständigkeit ergeben usw.

[2]) Diese Kombination liegt auch zugrunde den angenommenen §§ 4—9 des StGB., und diese Bestimmungen beruhen auf dem nach besonders gründlichen Beratungen (vgl. darüber Goltdammer, Materialien zum StGB. für die preuß. Staaten 1 S. 57—72) angenommenen § 4 des preußischen StGB.

4*

Recht[1]), und wie ebenfalls diese Beschlüsse annehmen, bedarf diese Kombination nur einer einzigen, nur in seltenen scharf abgegrenzten Fällen zur Anwendung kommenden, durch den „Communis consensus" der Gesetzgebungen gebilligten Ergänzung durch das Realprinzip, welches insoweit besser als Notrecht charakterisiert werden kann. Schwere Verbrechen gegen den eigenen Staat selbst (Hochverrat, insoweit ihn der Ausländer überhaupt gegen einen ihm fremden Staat begehen kann) strafen die Gesetzgebungen, weil hier die Gesetze fremder Staaten entweder keinen oder nur einen höchst unzulänglichen strafrechtlichen Schutz gewähren und aus zutreffenden Gründen in absehbarer Zeit schwerlich von letzterem Grundsatze abgehen werden.

Der *DVE.* weicht von dieser, wie bemerkt, nach dem gegenwärtigen StGB. geltenden Beschränkung der inländischen Strafgewalt stark ab.

1. Er bestraft § 4, 1 Handlungen (Verbrechen und Vergehen) der Deutschen im Auslande — ohne Rücksicht, ob sie nach den Gesetzen des Tatortes erlaubt sind — nach deutschem Gesetze. Die hierin liegende Unbilligkeit oder, wie man für viele Fälle behaupten darf, Ungerechtigkeit sieht der Entwurf dadurch noch zu steigern sich gezwungen, daß er nun, wie das Argumentum e contrario aus § 5 zeigt[2]), und die Begründung S. 13 als eine wünschenswerte „Vereinfachung" empfiehlt, auch dem im Auslande (im Staate des Tatortes) ergangenen freisprechenden Urteil, sowie der nach dortigem Recht eingetretenen Verjährung und der dort erfolgten Begnadigung die straftilgende Wirkung im Deutschen Reich versagen muß — im Falle eines im Ausland ergangenen Freispruchs eine wahre Grausamkeit gegen den unglücklichen Deutschen, dem jederzeit, wenn der Staatsanwalt so will, in der lieben Heimat

[1]) Annuaire de l'Institut de droit international 1883/84 S. 156ff. — Mendelssohn-Bartholdy a. a. O. S. 106ff. übt freilich an diesen Beschlüssen eine scharfe, aber völlig unzutreffende Kritik. Die S. 143 gegen die „Internationalisten" gebrachte spottende Bemerkung bedarf wohl keiner Gegenkritik.

[2]) Nur in dem seltenen Falle, daß jemand, nachdem er im Auslande ein Verbrechen oder Vergehen begangen, die deutsche Staatsangehörigkeit erwirbt, werden nach ausländischem Recht eingetretene Straftilgungsgründe anerkannt.

[3]) Eine gerechte und zugleich im Falle von Schiffbrüchen und Expeditionen in das Gebiet unkultivierter Völkerschaften ausreichende Bestimmung verlangt freilich eine gewisse, bei unserem Gesetzgeber oft grundlos mißachtete Ausführlichkeit. Vgl. Gesetz u. Schuld S. 168, 169.

nochmals der Prozeß gemacht werden kann. Daß man ausnahmsweise z. B. bei manchen Delikten von Schiffsführern und Seeleuten, die etwa am Orte der Handlung geltende Straflosigkeit nicht zu berücksichtigen sich veranlaßt finden kann, und daß dafür auch in der gegenwärtigen deutschen Spezialgesetzgebung sich Beispiele finden, beweist gegen das Prinzip, dieses als Regel betrachtet, nicht. Allerdings bedarf es solcher besonderen Bestimmungen nicht, wenn das Prinzip des Entwurfs angenommen wird, und die Begr. S. 12 macht auch hier den Vorzug der „Vereinfachung“ geltend. Aber man möchte glauben, daß die Prinzipien der Gerechtigkeit und Billigkeit höher stehen als das Prinzip der Vereinfachung.

Freilich ist es ein Vorzug, daß nach dem Vorentwurf nicht im Gegensatz zur Fassung des gegenwärtigen StGB. behauptet werden kann, Verbrechen und Vergehen, begangen von Deutschen in staatenlosen Gebieten, seien straflos. Aber diese Lücke läßt sich leicht ausfüllen, und völlig richtig ist es auch nicht, in staatenlosen Gebieten begangene Handlungen durchweg ebenso zu bestrafen, als wären sie im Deutschen Reiche begangen.

Andererseits ist aber der Entwurf, da die Anwendung des günstigeren Gesetzes des Tatortes für die im Auslande handelnden Inländer der Regel nach ausgeschlossen sein soll, veranlaßt für den Fall diese Anwendung anzuordnen, daß der Schuldige erst nach Begehung der strafbaren Handlung Deutscher geworden ist. Für diesen Fall sollen dann auch die nach den Gesetzen des Auslandes (Ortes der Handlung) eingetretenen Straftilgungsgründe einschließlich des freisprechenden Urteils im Deutschen Reiche anerkannt werden. Denn der im Auslande (insbesondere in seiner Heimat!) handelnde Ausländer, der nicht einmal einen Deutschen oder irgendwie das Deutsche Reich oder einen Bundesstaat verletzt hat, kann schwerlich nach dem etwa strengeren Gesetze verurteilt werden — man müßte denn das sog. Weltstrafrechtsprinzip in abstraktester und rohester Form zur Anwendung bringen. Diese ganze Bestimmung kann aber wegfallen und der Entwurf somit vereinfacht werden, wenn für den im Auslande handelnden Inländer (abgesehen von gewissen Ausnahmefällen) das am Orte der Handlung geltende Gesetz zur Anwendung kommen soll, soweit es dem Handelnden günstiger ist.

2. Der Entwurf unterwirft Handlungen der Ausländer im Auslande, sofern sie nach deutschem Gesetze Verbrechen oder Vergehen sind, unbedingt dem deutschen Strafgesetze, falls sie gegen das Deutsche Reich oder gegen einen Bundesstaat oder einen deutschen Beamten oder einen Deutschen begangen sind,

Die Kritik dieser auf dem Realprinzip beruhenden Ausdehnung der deutschen Strafzuständigkeit ist bereits gegeben. Beiläufig sei aber noch darauf hingewiesen, daß, falls die Bestimmung des Entwurfs Gesetz werden würde, das Deutsche Reich vermöge des Grundsatzes der Reziprozität auch dann diplomatisch zu intervenieren außerstand gesetzt werden würde, wenn ein Mitglied des Deutschen Reichstags wegen einer im Reichstag gehaltenen Rede etwa in Rußland, Rumänien oder sonstwo verfolgt werden würde. Denn die Immunität der Abgeordneten gilt als Privileg im Auslande nicht. Die Zuständigkeit der ausländischen Strafgewalt kann auch in diesem Falle nur deshalb bestritten werden, weil sie nach allgemeinen völkerrechtlichen Grundsätzen überhaupt nicht existiert, und diese Grundsätze soll nach dem Vorentwurf der deutsche Gesetzgeber gerade verleugnen.

Es ist noch auf die Begründung einzugehen. Diese ist äußerst dürftig. Freilich beruft sie sich auf eine Anzahl von Autoren, weist auf einige ausländische Gesetzgebungen, sowie auf die stenographischen Berichte der Reichstagssession von 1875/76 hin, in welcher (in dem Entwurf der sog. Strafgesetznovelle von 1876) eine wesentlich gleiche Ausdehnung der deutschen Strafzuständigkeit von der Regierung vorgeschlagen wurde. Aber vom Reichstage wurde dieser Vorschlag nach einer abweisenden, gerade von den namhaftesten Juristen[1]) geübten Kritik rundweg abgelehnt[2]), und die Gegengründe sind in der Begründung mit keinem Worte gewürdigt[3]). Neu ist das Argument, da die Gesetzgebung die deutschen Staatsangehörigen auch im Auslande strafrechtlich ver-

---

[1]) Lasker, Hänel.

[2]) Die vom Regierungsvertreter und vom Fürsten Bismarck gegebene Begründung der Vorlage war außerordentlich schwach. Ersterer berief sich darauf, daß Verbrechen von Deutschen in Polynesien unbestraft bleiben müßten, sowie auf einen Fall, in welchem Deutsche im Auslande mißhandelt seien, aber die dem Auslande angehörigen Übeltäter im Deutschen Reiche unbehelligt gelassen werden mußten, eine Unterlassung der Bestrafung, die das Publikum nicht verstehe. (Warum beantragte man nicht Bestrafung bei der ausländischen Behörde?) Fürst Bismarck führte an, bei ausländischen Unruhen sei ein Deutscher getötet, und der Mörder konnte ungestraft sich im Deutschen Reiche aufhalten. Aber er konnte doch mindestens ausgewiesen werden, während die Einmischung der deutschen Strafjustiz in meist sehr schwer zu beurteilende revolutionäre Ereignisse in fernen Ländern von recht problematischem Nutzen sein dürfte.

[3]) Insbesondere sind die sehr eingehenden Erwägungen in Gesetz und Schuld S. 103 nicht berücksichtigt.

pflichten wolle, so habe sie dieselben auch durch Strafgesetze (d. h. Erstreckung seiner Strafgewalt auf Ausländer) zu schützen. Eine solche beliebig aufgegriffene Parallele beweist nicht.

Der *SchVE.* Art. 8 Nr. 1 und 2 stimmt im wesentlichen mit dem *DVE.* überein, mildert aber die hier vorgenommene Erstreckung der inländischen Strafzuständigkeit. Denn 1. die Delikte der Schweizer im Auslande betreffend, so werden diese nur bestraft, wenn nach dem schweizerischen Auslieferungsgesetze Auslieferung stattfinden könnte, und wenn die Tat im Auslande nicht strafbar ist, nur auf Begehren des Bundesanwalts. Man will sich also in letzterem Falle eine besondere, freilich von dem freien Ermessen des Bundesanwalts abhängende Beschränkung auferlegen. 2. Bei Verbrechen, die von Ausländern im Auslande begangen sind, erscheint eigentlich die schweizerische Zuständigkeit nur als subsidiäre; sie tritt nur ein, wenn Auslieferung seitens der Schweiz nicht erfolgt, oder der Schuldige der Schweiz ausgeliefert ist. Auch hier gelten die zu 1. bemerkten Beschränkungen. Außerdem erkennt der *SchVE.* § 4 Nr. 4 die nach dem ausländischen Gesetze eingetretenen Straftilgungsgründe einschließlich des freisprechenden Urteils auch für die Schweiz als wirksam an, sowohl bei Verbrechen der Ausländer, wie bei Verbrechen der Inländer. An sich betrachtet ist dies, wie bemerkt, richtig, aber inkonsequent, wenn die am Begehungsorte von Anfang an straflose Handlung nicht auch im Inlande (in der Schweiz) straffrei sein soll. Ganz besonders tritt diese Inkonsequenz bei dem freisprechenden Urteile hervor. Oder sollte vielleicht eine schwierige Untersuchung darüber angemessen sein, ob das auswärtige Urteil freisprach, weil es die Handlung nicht für erwiesen oder nicht für strafbar erachtete?

Der *OVE.* §§ 83—87 folgt dagegen — abweichend von früheren Entwürfen — richtigeren Prinzipien. Abgesehen von gewissen exzeptionell behandelten Delikten, bestraft er im Auslande begangene Verbrechen von Österreichern nur, wenn sie auch am Tatorte strafbar oder gegen einen Inländer begangen sind. Die letztere gegen das richtige Prinzip verstoßende Ausnahme kann, wie aus oben gegebener Darlegung folgt, erhebliche Schwierigkeiten bereiten — ohne nennenswerten Nutzen; denn daß etwa jemand sich deshalb ins Ausland begibt, um dort einen Inländer zu verletzen, wird selten vorkommen. Und wie, wenn der Inländer glaubt einen Ausländer vor sich zu haben, soll dieser Irrtum ihn von Strafe befreien, oder nicht?

Ist die Tat auf staatenlosem Gebiete begangen, so wird sie nach *OVE.* ebenso beurteilt, als wäre sie im Inlande begangen, aber nur auf Anordnung des Justizministers verfolgt; d. h. der Justizminister übt eine präjudizierende Vorprüfung — immerhin ein Auskunftsmittel, ungerechte Bestrafung zu verhüten, da eine Handlung in staatenlosem Gebiete begangen oft gerechterweise nicht so bestraft werden kann, als wäre sie in Wien oder Prag begangen, aber zugleich ein Auskunftsmittel, das nicht frei von Bedenken ist.

Abgesehen von den erwähnten Ausnahmsdelikten, sollen Ausländer wegen im Auslande begangener Handlungen in Österreich nur bestraft werden, wenn Auslieferung an sich zulässig, aber unausführbar ist. Die Bestrafung in Österreich ist also nur eine subsidiäre, besonders wohl für solche Fälle vorgesehen, wenn man aus Rücksicht für den Schuldigen selbst Auslieferung nicht vornehmen will, aber gleichwohl ihn nicht straffrei lassen möchte, z. B. ihn nicht ausliefern möchte, weil ihm eine barbarische Strafe bevorstehen oder unparteiische Justiz voraussichtlich nicht gewährt werden würde. Diese im *OVE.* bemerkbare edlere Auffassung der Bestrafung der Ausländer, welche keine Rücksicht darauf nimmt, ob der Verletzte Inländer oder Ausländer ist, wird bestätigt dadurch, daß das dem Ausländer günstigere ausländische Gesetz bei der Bestrafung gilt. Außerdem soll der Ausländer nur auf Anordnung des Justizministers verfolgt werden. Die Straftilgungsgründe des ausländischen Tatortes wirken auch gegen die Strafverfolgung in Österreich, ein Satz, der auch in sehr guter knapper Weise gegeben ist. Er fehlt leider für die in Österreich verfolgbaren Handlungen von Österreichern im Auslande, und die Konsequenz verlangt, wie schon oben bemerkt wurde, nicht nur die am Orte der Handlung bestehende Straflosigkeit, sondern auch die nach diesem Gefolge auszusprechende mildere Strafe dem Angeklagten zugute kommen zu lassen.

Der *OVE.* (§ 85 und 87 Schlußsatz) erstreckt die für Inländer geltenden Bestimmungen ausdrücklich auf Ausländer, die zur Zeit der Tat Inländer waren, und ebenso die für Ausländer geltenden Bestimmungen auf Inländer, die zur Zeit der Tat Ausländer waren. Ich halte diese Bestimmungen für richtig, aber nicht gerade für nötig; entsprechende Bestimmungen finden sich auch im *DVE.* nicht. Freilich ist auch in der deutschen Literatur früher einmal die Ansicht vertreten worden, daß für die Inländer-, bzw. Ausländer-Eigenschaft der Zeitpunkt der Strafverfolgung maßgebend sei; man ist aber jetzt einig darüber, daß nur der Zeitpunkt der Handlung in Betracht kommen kann, da das StGB. Fragen des materiellen Rechts, nicht aber prozessuale Fragen behandelt, und außerdem die Frage, ob und welche Strafe gerecht ist, nicht abhängen kann von den späteren Ereignissen der Naturalisation oder der Entlassung aus dem Staatsverbande.

Der *SchVE.* Art. 9 gibt eine ausdrückliche Bestimmung über den Ort der Begehung:

> „Der Täter begeht das Verbrechen da, wo er es ausführt oder auszuführen versucht, und da, wo der Erfolg des Verbrechens eingetreten ist oder nach seiner Absicht eintreten sollte.“

Ebenso in etwas anderer Fassung *OVE.* § 81 Abs. 1. Danach würde, wenn A dem B Gift beibringt, das den Tod des B im Staate X bewirken soll, aber nicht dort bewirkt, weil B, statt nach X zu reisen, nach Y reist, auch der Staat X zur Bestrafung zuständig sei, obwohl dieser Staat, wenn B einem andern Staat angehört, nach gesunder und einfacher Auffassung doch absolut nicht an dem Straffalle interessiert ist, und lediglich durch die Absicht des Handelnden nicht wohl zuständig werden kann.

Richtiger ist jedenfalls die vom deutschen Reichsgericht angenommene Ansicht, daß Handlung wie Erfolg die internationale Zuständigkeit begründet, die Absicht allein aber nicht genügt[1]).

Der *DVE.* (vgl. Begr. S. 8, 9) überläßt die Frage der Wissenschaft und Praxis. Ich habe in Übereinstimmung mit der in der deutschen Wissenschaft durchaus überwiegenden Ansicht vom allgemein wissenschaftlichen und zugleich praktischen Standpunkte mich stets für die ausschließliche Zuständigkeit des Orts der Handlung (Aufenthaltsort des Handelnden) ausgesprochen, und scharf ist dieser Grundsatz formuliert in Nr. 1 der bereits zitierten Beschlüsse des Instituts für internationales Recht. Aber da die Entscheidung nach dem Erfolgsorte nichts anderes ist als eine spezielle Anwendung des Realprinzips, so muß, wie ich ebenfalls ausgeführt habe, für eine Gesetzgebung, welche dem Realprinzip folgt, der Ort des Erfolgs allerdings als die Strafgewalt begründend gelten, während die Entscheidung nach dem Orte der Handlung (eigentlich nach dem zeitigen Aufenthaltsorte des Handelnden) dem (aktiven) Personalitätsprinzip entspricht, so daß, wenn eine Gesetzgebung, wie der *DVE.* will, beide Prinzipien kombiniert, allerdings die erwähnte Ansicht des deutschen Reichsgerichts (ohne die oben bezeichnete Beschränkung, als die für eine solche Gesetzgebung richtige sich ergibt. Verwirft man aber die Ansicht, daß

[1]) Das Reichsgericht hat nur (in wenigen älteren Entscheidungen) verlangt, daß der Absicht des Handelnden gemäß der Erfolg an dem Orte eingetreten sei, für welchen die Zuständigkeit begründet sein soll. Vgl. Olshausen, Kommentar z. StGB. § 3 Nr. 5.

das Strafgesetz unbeschränkt auch auf Handlungen der Ausländer im Auslande sich erstrecken könne und der Regel nach auch wirklich sich erstreckt, so ist die Unterwerfung einer im Auslande vorgenommenen Handlung (während der Handelnde im Ausland sich befindet), ein einer besonderen Bestimmung bedürfender anomaler Rechtssatz[1]). Völkerrechtlich läßt sich dafür freilich eher eine Rechtfertigung aufstellen, da auch viele Staaten, die im übrigen keineswegs ihre Strafgesetze — abgesehen von Verbrechen gegen die Staatssicherheit — auf Handlungen von Ausländern im Auslande erstrecken, doch ihre Strafgewalt als zuständig betrachten, wenn entweder die Handlung in ihrem Gebiete vorgenommen wird oder der Erfolg daselbst eintritt. Es ist aber klar, daß, wenn dieser Satz gilt, die Rechtssicherheit im höchsten Grade beeinträchtigt wird. Da es oft sehr schwer festzustellen oder im voraus völlig unbestimmbar ist, an welchem Orte oder an welchen Orten der Erfolg eintritt, so kann der Handelnde nicht wissen, wo und nach welchen Strafgesetzen er möglicherweise wegen einer Handlung in Untersuchung gezogen werden mag, und der spezielle Rechtssatz, welcher auch das Strafgesetz und dann nicht minder die Strafgerichte des Landes für zuständig erklärt, in welchem die Wirkung (der Erfolg) der Handlung eintritt, genügt schon, das Privileg der parlamentarischen Redefreiheit im Auslande unwirksam zu machen[2]). Ein Staat, der jenen Rechtssatz annimmt, kann nicht intervenieren, wenn ein Mitglied seines Parlaments im Auslande wegen einer im Parlament gehaltenen Rede in Anklagestand versetzt, verhaftet und verurteilt würde, weil dem ausländischen Staate angehörende Personen beleidigt oder ausländische Staatseinrichtungen verläumdet sein sollen usw. Da der *OVE.* dem Realprinzip jedenfalls nicht durchgängig folgt, so ist meines Erachtens die Zuständigkeit der österreichischen Strafgewalt für den im österreichischen Territorium eintretenden Erfolg nur durch jenen, dies besonders aussprechenden, Rechtssatz zu begründen.

Es ist bereits bemerkt, daß die meisten Gesetzgebungen Handlungen, welche die Existenz des Staates (oder seiner Verfassung) angreifen, auch dann bestrafen, wenn diese Handlungen von Ausländern im Auslande begangen sind, und zwar ohne Rück-

---

[1]) Er ist daher, wenn die bereits besprochenen Sätze des *SchVE.* Gesetz werden, meines Erachtens überflüssig.

[2]) Die österreichischen und schweizer Parlamentarier werden also, wenn die Entwürfe Gesetz werden, vor Strafverfolgungen im Auslande ebensowenig gesichert sein wie ihre deutschen Kollegen.

sicht auf Straflosigkeit oder nach dem Rechte des Auslandes eingetretene Straftilgungsgründe, so daß nur die im Auslande erstandene Strafe auf die nach dem inländischen Rechte zu verhängende Strafe angerechnet wird. Es ist nicht zu tadeln, wenn die drei Entwürfe, wie auch das jetzt geltende deutsche StGB. es getan hat, dieser gesetzgeberischen Praxis folgen[1]). Sie behandeln aber in der bezeichneten Weise noch gewisse andere Verbrechen, so daß diese als Weltverbrechen erscheinen, als Verbrechen, gerichtet gewissermaßen gegen die gesamte Kulturwelt. Der Staat, dessen Strafzuständigkeit sich hierauf erstreckt, wird, selbst wenn das Verbrechen im Auslande von Ausländern gegen ausländische Objekte oder an ausländischen Objekten begangen wird, als mitgeschädigt oder mitbedroht angesehen: er straft ohne Rücksicht auf ausländisches Gesetz und ausländische Jurisdiktionsakte, und nur die erstandene Strafe wird der Billigkeit wegen angerechnet.

Ist diese letztere Erstreckung der staatlichen Strafgewalt prinzipiell richtig?

Meiner Ansicht nach dem traditionellen unbezweifelten Völkerrechte gemäß nur für das Verbrechen der Seeräuberei im eigentlichen Sinne, das einzige Verbrechen, das jeder Staat beliebig ahnden kann, der sich der Seeräuber bemächtigt. Merkwürdigerweise ist aber gerade dies einzige wirkliche Weltverbrechen im deutschen StGB. und auch im *DVE.* hier nicht aufgeführt, ungeachtet das Deutsche Reich, nachdem es eine so Achtung gebietende Kriegsmarine sich geschaffen und einen bedeutenden Kolonialbesitz erlangt hat, doch in die Lage kommen könnte, gegen Seeräuber

[1]) Es können aber nicht dahin gerechnet werden Delikte gegen im Auslande handelnde Beamte als solche. Ein Beamter im Auslande hat Amtsqualität nur kraft des Gesetzes des Auslandes; er genießt dafür strafrechtlichen Schutz nur kraft eben dieses Gesetzes. Daher ist es inkorrekt, wenn der *DVE.* § 4 Nr. 2 das deutsche Strafgesetz erstreckt auf den Ausländer, der einen Meineid vor einer deutschen, im Auslande tätigen Behörde geschworen hat (z. B. vor einem deutschen Konsul). Die Abnahme von Eiden ist eine obrigkeitliche Funktion, welche nur auf Grund des ausländischen Gesetzes von deutschen Beamten ausgeübt werden kann. Straft das ausländische Gesetz den Meineid nicht, welcher vor dem deutschen Beamten mit Erlaubnis des ausländischen Gesetzes geschworen ist, so liegt eine Lücke dieses Gesetzes vor, welche auf Verlangen des Deutschen Reichs von dem fremden Staate auszufüllen wäre, welche aber nach völkerrechtlichen Grundsätzen vom Deutschen Reiche nicht selbst ausgefüllt werden kann. Das Beispiel eines amerikanischen Gesetzes, auf welches die Begründung sich beruft, ist nicht vollgültiger Beweis. Amerikanische Gesetze können auch Fehler enthalten.

nicht nur einen Kampf zu führen, sondern auch einzelne der Seeräuberei schuldige Personen in seine Gewalt zu bekommen. Dagegen ist im *OVE.* § 86 Abs. 4 a. E. vgl. mit Hauptstück 35 (§ 442) richtig der Seeraub in dieser Weise behandelt. (Daß im *SchVE.* von Seeräuberei keine Rede ist, wird selbstverständlich erscheinen.)

Beliebige andere Delikte aber in der bezeichneten Weise der inländischen Strafgewalt zu unterwerfen, ist Willkür und unter Umständen schwere Ungerechtigkeit[1], da die konkrete Handlung z. B. am Ort der Begehung, wenn dieser Ort zugleich dem Heimatstaate des Schuldigen angehört, dort mit bedeutend milderer Strafe bedroht oder gar wegen abweichender gesetzlicher Definition straflos sein kann. Der *DVE.* ist hier zurückhaltend; er behandelt als Weltverbrechen nur die Münzverbrechen[2], ebenso wie das gegenwärtig geltende StGB. Dagegen behandeln die Vorentwürfe für Österreich und die Schweiz, und besonders der erstere, eine größere Anzahl von Delikten als Weltverbrechen[3], der *OVE.* in der Art, daß die Bestrafung in Österreich § 86, 87 die Auslieferung des Schuldigen anschließt, während nach dem *SchVE.* § 8 Nr. 3

[1]) Die Repression könnte übrigens auch eine ungenügende sein, z. B. wenn der Schuldige deshalb nicht eine Rückfallstrafe (oder strengere Bestrafung wegen Vorstrafen) erleidet oder nicht als Gewohnheitsverbrecher behandelt wird, weil die Vorstrafen von einem ausländischen Gerichte erkannt waren.

[2]) Zweifelhaft erscheint, da die Begründung hierüber schweigt, ob die Bestimmungen des sog. Sprengstoffgesetzes v. 9. 6. 1884 § 12, des Gesetzes v. 3. 7. 1893 § 10 und des Gesetzes v. 28. 7. 1895 betr. die Bestrafung des Sklavenraubes, welche für die daselbst genannten Handlungen eine Weltjurisdiktion des Deutschen Reichs geschaffen haben, neben der im Vorentwurf enthaltenen Bestimmung fortgelten sollen. Der *OVE.* sagt (§ 86 vorletzter Abs.) ausdrücklich, daß solche in besonderen Gesetzen oder Verträgen enthaltenen Bestimmungen in Geltung bleiben.

[3]) Auch der jetzt so viel besprochene, freilich abscheuliche sog. Mädchenhandel (vgl. die betr. Bestimmung in dem Vorentwurfe für die Schweiz und Österreich) sollte hier trotz des Beschlusses eines Kongresses eine Ausnahme nicht machen. Man darf Grundsätze der Gerechtigkeit und des Völkerrechts nicht wegen der Schwere des betreffenden Delikts außer acht lassen. Andere Kongresse und Versammlungen könnten das gleiche auch für andere Verbrechen verlangen, und so wäre die schiefe Ebene gegeben, auf welcher man zu allgemeiner Verirrung kommen würde. Ebenso sind anarchistische Verbrechen und Vergehen, die der *OVE.* § 86 Abs. 3 hier ohne weitere Voraussetzung der österreichischen Strafgewalt unterwirft, nicht Weltverbrechen, um so weniger, als bekanntlich eine allgemein als zutreffend anerkannte Definition des anarchistischen Verbrechens noch nicht gefunden ist.

die Bestrafung in der Schweiz nur dann eintritt, wenn Auslieferung nicht erfolgt, die Bestrafung in der Schweiz also nur eine subsidiäre Maßregel ist. Diese letztere Behandlung sog. Weltdelikte, ist vorzuziehen. Sie sichert dem Angeklagten der Regel nach die eigentlich gerechte Behandlung und schützt den Staat davor, sich mit der oft recht kostspieligen Repression von Delikten zu befassen, die in erster Linie einen anderen Staat angehen. Aber durch jene exzeptionelle Hervorhebung und Behandlung einzelner (nicht zu den Verbrechen gegen den Staat selbst gehörender) Delikte deckt man gleichwohl eine immerhin mögliche Lücke in der Repression nicht völlig. Sie würde ausgefüllt werden, und zwar ohne Verletzung der Gerechtigkeit, wenn man nach Maßgabe der Beschlüsse des Instituts für internationales Recht (Nr. 10) zur Annahme einer Bestimmung des folgenden Inhalts sich entschließen würde:

> „Befindet sich eine Person, welche eines mit . . . Strafe [1]) bedrohten Verbrechens . . . dringend verdächtig ist, in der Gewalt des Staates (des Deutschen Reiches [2]) oder eines deutschen Bundesstaates), so kann, wenn Auslieferung nicht stattfindet, Bestrafung durch ein inländisches Gericht [3]) erfolgen nach dem Gesetze des Tatortes oder nach dem heimatlichen Gesetze des Angeklagten oder nach dem inländischen Gesetze, je nachdem eines dieser Gesetze dem Angeklagten günstiger ist."

Man würde mit dieser Bestimmung auch Abhilfe erhalten für den Fall, daß der Heimatstaat des Schuldigen diesen wegen einer im Auslande begangenen Handlung nicht straft, gleichwohl aber die Auslieferung verweigert, weil unser Staat — der seine Angehörigen wegen im Auslande begangener Delikte straft — die Auslieferung seiner Angehörigen für unzulässig erklärt. Man braucht also keineswegs, um skandalöse Fälle dieser Art auszuschließen, das

---

[1]) Die Strafandrohung wäre nach anderweiten Bestimmungen des Gesetzbuchs festzusetzen. Ein Bedürfnis solcher Vorschrift besteht nur für schwere Deliktsfälle.

[2]) Ohne dringenden Verdacht sollte man in diesem Falle überhaupt ein Strafverfahren nicht einleiten. Man kann einem Ausländer, dem man an einem beliebigen, ihm durchaus fremden Orte den Prozeß macht, schweres Unrecht auch durch Verhängung der Untersuchungshaft zufügen. Die vorgeschlagene Bestimmung greift freilich auf prozessuales Gebiet über. Strenger Systematik entspricht sie daher nicht, wohl aber praktischer Gerechtigkeit.

[3]) Z. B. an Bord eines deutschen Seeschiffs.

[4]) Im Deutschen Reiche würde es sich empfehlen, das einzelne Gericht jedesmal durch Verfügung des Reichsgerichts bestimmen zu lassen.

Realprinzip anzunehmen oder die in gegenwärtiger Zeit noch recht bedenkliche Auslieferung von Angehörigen unseres Staates an einen fremden Staat für zulässig zu erklären. Andererseits würde man, da nur in Ermangelung einer Auslieferung die Strafzuständigkeit gelten soll, auch vor Reklamationen anderer Staaten gesichert sein, die namentlich bei Bestrafung in den Kolonialgebieten, wo die Mächte mit einer gewissen besonderen Sorge ihre Hoheitsrechte zu wahren pflegen, zu erwarten wären.

In Gesetz und Schuld im Strafr. I S. 184 habe ich es als empfehlenswert bezeichnet, daß unter den Delikten, für welche eine absolute Strafzuständigkeit des Deutschen Reichs in Anspruch zu nehmen wäre, auch das Nachmachen und die Verfälschung von Siegeln des Deutschen Reichs und der deutschen Bundesstaaten aufgeführt würde. *DVEBegr.* S. 14 lehnt dies ab, weil dafür ein Bedürfnis nicht hervorgetreten sei. Man sollte aber einen praktischen Fall, der jeden Tag vorkommen könnte, doch nicht abwarten, wenn es sich um wirkliche Lücken handelt, und mir scheint nicht, daß jene Verfälschung, sofern sie nicht zugleich eine Urkundenfälschung enthält, überall gestraft wird, wenn es sich um Siegel fremder Staaten handelt. Ein Einspruch fremder Staaten ist hier nicht zu befürchten, und andererseits dürfte es im Auslande an einer strafrechtlichen Repression fehlen.

Dagegen kann die österreichische Regierung diplomatische Reklamationen zu gewärtigen haben bei der nach dem *OVE.* stattfindenden Erstreckung der österreichischen Strafzuständigkeit auf sämtliche im 35. Hauptstück des Entwurfs unter Strafe gestellten Handlungen, auch wenn Ausländer im Auslande sich derselben schuldig gemacht haben sollen. Zwar sind dies Delikte, die sich auf die Seeschiffahrt beziehen. Aber es sind auch Delikte darunter, die an Land — also auch an fremder Küste (vgl. z. B. § 447) oder in fremder Hoheit unterworfenen Gewässern — begangen werden können (vgl. § 449 „Pflichtverletzung bei Seenot"). Es ist nicht sehr wahrscheinlich, daß ein mächtiger Seestaat die Verurteilung eines seiner Handelsmarine angehörigen Kapitäns durch ein österreichisches Gericht sich gefallen lassen würde, wenn die Handlung an der Küste oder gar in einem Hafen jenes Staates geschehen sein sollte, und der Verurteilte reklamieren würde.

Der *DVE.* § 8 und der *OVE.* 89 verbieten übereinstimmend mit dem jetzt geltenden deutschen StGB. § 9 die Auslieferung von Inländern, und für die Schweiz gilt das gleiche Verbot nach dem schweizerischen Auslieferungsgesetze § 2. Streng systematisch betrachtet würde freilich die Aufnahme solcher Bestimmungen in das StGB. nicht korrekt erscheinen. Aber Nichtauslieferung von Inländern verlangt praktisch als Ersatz Bestrafung von Inländern wegen im Auslande begangener Delikte, und so enthält umgekehrt das schweizerische, eigentlich dem Strafprozeßrechte angehörende Auslieferungsgesetz in dem zitierten § 2 auch eine Bestimmung über Bestrafung des schweizer Bürgers, der im Auslande eine strafbare Handlung begeht. Die Aufhebung des Verbots der Auslieferung von Inländern, ist zwar mehrfach befürwortet worden; sie ist aber gerade in unserer Zeit wegen des leider häufig emporlodernden Nationalitäten-Antagonismus bedenklich und im Deutschen Reiche, da es noch an einem Auslieferungsgesetze fehlt, und die Auslieferungen als reine Administrationssachen nur unter den in Betracht kommenden Ministerien erledigt werden, absolut nicht zu entbehren.

Gemeinsam ist dem *DVE.* § 6 und *SchVE.* § 236 der Grundsatz, daß im Auslande begangene Übertretungen (als für internationale Beachtung zu unbedeutend) nicht verfolgt werden, im *DVE.* § 6 mit dem Vorbehalt, daß Gesetze oder Verträge ein Anderes verordnen. Im *OVE.* findet er sich nicht; es wird aber nach § 84 (vgl. mit § 86) nur ein Inländer wegen einer im Auslande begangenen Übertretung verfolgt werden können (§ 84 spricht von strafbaren Handlungen, § 86 von Verbrechen und Vergehen), ein Ausländer nur, sofern (§ 86 Abs. 5) die Verfolgung durch Gesetz oder Vertrag besonders angeordnet ist.

Gemeinsam ist ferner den drei Vorentwürfen der natürlicher Gerechtigkeit entsprechende Satz (vgl. auch deutsches StGB. § 1), daß eine im Auslande verbüßte Strafe für eine im Inlande etwa wegen derselben Handlung zu erkennenden Strafe in Anrechnung zu bringen ist (*DVE.* § 7, *OVE.* § 88, *SchVE.* Art. 6, 7 Schlußsatz, Art. 8 Nr. 4 Schlußsatz). Nach dem *SchVE.* kommt — was konsequent ist — auch eine nur teilweis verbüßte Strafe in Betracht, und nach dem Ausdruck des *OVE.* — „eine Strafe“ — möchte ich das gleiche für diesen Entwurf annehmen, während nach dem Wortlaut des *DVE.* (wie des StGB.) die entgegengesetzte Annahme richtig sein dürfte. Der Billigkeit und zugleich den internationalen Verhältnissen entspricht aber auch Art. 6 Schlußsatz des *SchVE.* „Ist ein Ausländer wegen eines Verbrechens, das er in der Schweiz begangen hat, auf Ersuchen des schweizerischen Bundesrates im Ausland verfolgt und verurteilt worden, und ist die Strafe vollzogen, so wird er wegen dieses Verbrechens in der Schweiz nicht mehr bestraft.“

Der *DVE.* § 4 (Anfang) sanktioniert übereinstimmend mit dem

StGB. § 4 durch die Worte „kann verfolgt werden" für die Strafverfolgung aller im Auslande begangenen Delikte das sog. Opportunitätsprinzip, und dies ist gerechtfertigt in Anbetracht der oft bei Verfolgung im Auslande begangener nicht besonders schwerer Straftaten vorhandenen Schwierigkeiten und erwachsenden Kosten. Der *SchVE.* Art. 8 Nr. 1 Satz 2 und Nr. 2 Schluß nimmt das Opportunitätsprinzip nur für Fälle an, in denen die Handlung im Auslande nicht strafbar ist; der *OVE.* §§ 87, 88 Abs. 1 nur für den Fall der oben besprochenen subsidiären Strafverfolgung von Ausländern auf Anordnung des Justizministers und sodann für den Fall, daß das Gericht voraussichtlich keine strengere Strafe verhängen würde als die im Auslande vollzogene, wenn zugleich die Verhängung von Straffolgen und Sicherungsmitteln nicht in Betracht kommt. Da in vielen konkreten Fällen Strafverfolgung nach Opportunität und Legalität sich doch nicht scharf trennen läßt — wenn die Beweismittel nicht sofort eine Verurteilung höchstwahrscheinlich machen —, und bei Abwägung der Wahrscheinlichkeit die mit der Eröffnung der Untersuchung etwa verbundenen Schwierigkeiten (und Nachteile für den Angeklagten) von selbst sich geltend machen, so ist der praktische Unterschied bei den im Auslande begangenen Delikten nicht sehr groß. Gleichwohl wird hier dem *DVE.* praktisch der Vorzug gebühren, damit nicht zu große Gewissenhaftigkeit von Staatsanwälten durch Verfolgung verhältnismäßig unbedeutender Auslandsdelikte Schaden anrichte. Besonders unpraktisch dürfte es sein, die Staatsanwaltschaft zur Verfolgung dann zu verpflichten, wenn es sich nur darum handeln kann, jemandem Ehrenrechte abzuerkennen, die, weil es inländische sind, ihm im Auslande nicht aberkannt werden können, auf deren Ausübung er aber vielleicht nicht einmal Anspruch erhebt[1]).

Die Personen betreffend, welche den allgemeinen Strafgesetzen unterworfen sein sollen, so redet der *DVE.* § 9 nur von der Exemtion der Militärpersonen[2]), während S. 72 des *OVE.* bei geringfügeren Delikten von Strafgefangenen in praktischer Weise Disziplinarstrafen an die Stelle der öffentlichen, vom Richter zu

---

[1]) Vgl. StGB. § 37. Ein Strafverfahren ist hier nur für „zulässig" erklärt. — Auch für diesen Fall ist die Staatsanwaltschaft nach *OVE.* Abs. 1 gebunden. Nur wenn voraussichtlich auf keine strengere Strafe zu erkennen wäre, als die im Auslande vollzogene, und Straffolgen und Ehrenstrafen nicht in Betracht kommen, soll die Staatsanwaltschaft die Verfolgung unterlassen dürfen. M. E. müßte die Verfolgung in letzterem Falle unterbleiben.

[2]) Vergl. *SchVE.* Art. 3, der in anderer Fassung dasselbe bestimmt wie § 9 des *DVE.*

erkennenden Strafen treten läßt und am Schlusse bestimmt: „Begeht ein zu lebenslänglichem Kerker Verurteilter ein Verbrechen oder von Amts wegen zu verfolgendes Vergehen, so ist statt auf die angedrohte Strafe auf Verschärfung des Strafgesetzes zu erkennen[1]).“

Der *DVE.* §§ 10, 11 hat die Bestimmungen der §§ 11, 12 des StGB. unverändert[2]) aufgenommen. Da diese Paragraphen, welche die Immunität der Mitglieder der deutschen Landtage und die Straffreiheit wahrheitsgetreuer Berichte über die Verhandlungen der Landtage der deutschen Bundesstaaten aussprechen, den Bestimmungen der Reichsverfassung Art. 30 und 22 nachgebildet sind und zugleich in die Verfassungen der Einzelstaaten eingreifen, so erschien ihre Aufnahme geboten und zugleich eine Änderung (vgl. Begr. S. 18, 19) von vornherein ausgeschlossen[2]). Ein Bedürfnis zu einer Änderung wäre auch nicht anzuerkennen[3]); einzelne Kontroversen können der Wissenschaft und Praxis überlassen bleiben[4]). Die Frage der Befreiung der Mitglieder des Reichstages und der Landtage von der Zeugnispflicht, wenn in Anlaß einer im Berufe getanen Äußerung eines Mitgliedes des Reichstags oder eines Landtags ein Prozeßverfahren stattfindet, steht zwar im Zusammenhang mit der sog. Redefreiheit, ist aber nicht im Strafgesetzbuche, vielmehr in der Verfassung oder in der Strafprozeßordnung zu entscheiden.

---

[1]) Lebenslange Freiheitsstrafe sollte übrigens in einem Reformstrafgesetzbuche unserer Zeit nicht vorkommen, wohl aber langdauernde Freiheitsstrafe, die in vielen Fällen die Lebensdauer erreichen, aber nicht die Hoffnung auf Freiheit gänzlich ausschließen würde. So könnten Zusatzstrafen stattfinden, während Strafschärfungen zur Barbarei oder unausführbar werden können.

[2]) In § 10 ist gegen § 11 des StGB. nur das den Sinn nicht berührende Wort „einer“ (Äußerung) statt „der“ gesetzt. (Begr. S. 18.)

[3]) Gesetz und Schuld I S. 265 ff.

[4]) Der *SchVE.* Art. 4 erklärt die betr. Äußerungen der Mitglieder der schweizer Bundesversammlung und der Mitglieder eines Kantonsrats für nicht strafbar. In einem Staate wie Österreich gehören dergleichen Bestimmungen in die Verfassungsurkunde.

Druck von C. Schulze & Co., G. m. b. H., Gräfenhainichen.

Kolibri 360 GmbH
Ferdinand-Jühlke-Straße 7
99095 Erfurt, Deutschland
produktsicherheit@kolibri360.de